Impressum
Verlag: BABADADA GmbH, Nedderfeld 112 , 22529 Hamburg
Geschäftsführer / Verlagsleitung: Harald Hof
Druck: Books on Demand GmbH, In de Tarpen 42, 22848 Norderstedt

Imprint
Publisher: BABADADA GmbH, Nedderfeld 112 , 22529 Hamburg, Germany
Managing Director / Publishing direction: Harald Hof
Print: Books on Demand GmbH, In de Tarpen 42, 22848 Norderstedt

បន្ទប់រៀន
klaslokaal

ចក្រ
delen

186/2

ទីធ្លាសាលារៀន
speelplaats

ក្តារ
bord

គ្រូបង្រៀន
leerkracht

ក្រដាស
papier

សរសេរ
schrijven

ប៊ិក
pen

តុការិយាល័យ
bureau

បន្ទាត់
liniaal

សៀវភៅ
boek

កូនសិស្ស
leerling

សម្ភារៈរៀតសូបកែ
schooltas

ប្ររអប់ដាក់ខ្មៅដៃ
pennenzak

ខ្មៅដៃ
potlood

ប្ររដាប់ខ្ចងខ្មៅដៃ
puntenslijper

ជ័រលុប
gom

ផ្ទាំងគំនូរ
tekenblok

គំនូរ

tekening

ជក់គូរ

verfborstel

ប្រអប់ថ្នាំលាប

verfdoos

កន្ត្រៃ

schaar

ការបិទ

lijm

សៀវភៅលំហាត់

werkboek

កិច្ចការផ្ទះ

huiswerk

12

លេខ

nummer

2+2

បូក

optellen

5-2

ដក

aftrekken

2×2

គុណ

vermenigvuldigen

គណនា

rekenen

A

លិខិត

letter

ABCDEFG HIJKLMN OPQRSTU VWXYZ

អក្ខរក្រម

alfabet

ពាក្យ

woord

អត្ថបទ
tekst

អាន
Lezen

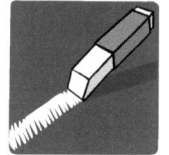

ដីស
krijt

មេរៀន
les

ចុះឈ្មោះ
klassenboek

ការប្រលង
examen

វិញ្ញាបនបត្រ
certificaat

ឯកសណ្ឋានសាលា
schooluniform

ការអប់រំ
onderwijs

សព្វវចនាធិប្បាយ
encyclopedie

សាកលវិទ្យាល័យ
universiteit

មីក្រូទស្សន៍
microscoop

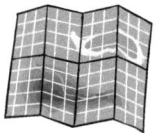

ផែនទី
kaart

កន្ត្រករដាក់សំរាមក្រដាស
papiermand

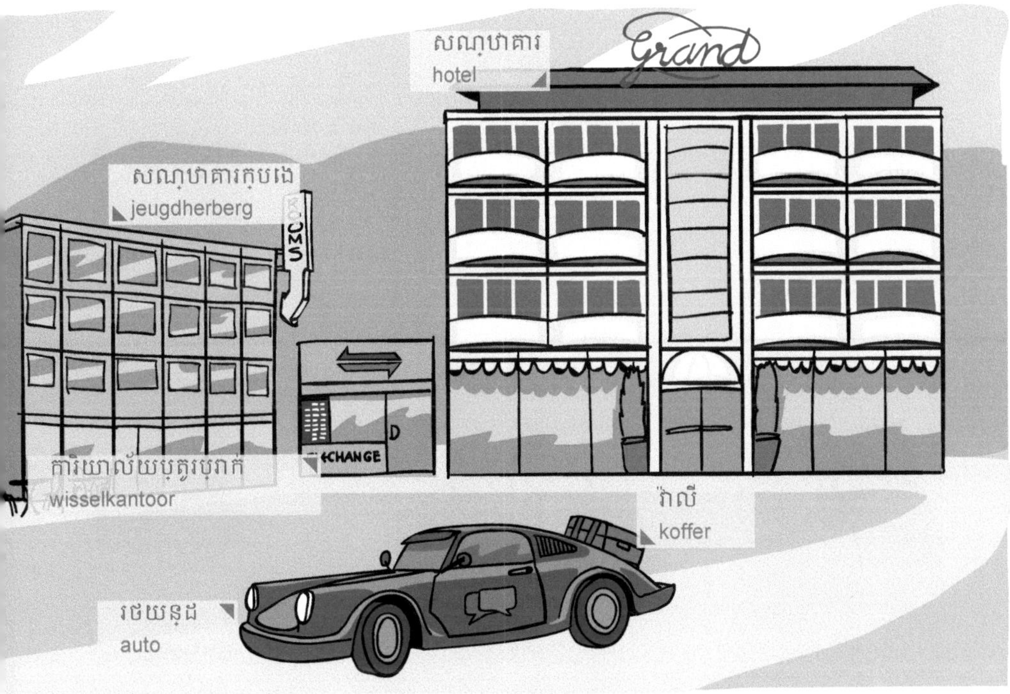

សណ្ឋាគារ
hotel
Grand
សណ្ឋាគារក្មេង
jeugdherberg
ROOMS
EXCHANGE
ការិយាល័យប្តូរប្រាក់
wisselkantoor
វ៉ាលី
koffer
រថយន្ត
auto

ភាសា

Taal

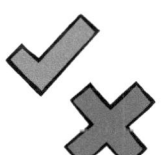

បាទ / ទេ

ja / nee

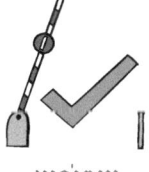

យល់ព្រម

oké

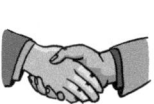

សាយ័ន្តសួស្តី!

hallo

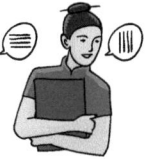

អ្នកបកប្រែ

vertaler

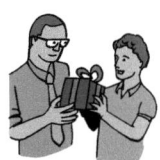

សូមអរគុណ

bedankt

ចូលប៉ុន្មាន... ?

Hoeveel kost …?

ខ្ញុំមិនយល់

Ik begrijp het niet

បញ្ហា

probleem

ទិវាសួស្តី!

Goedenavond!

អរុណសួស្តី

Goedemorgen!

រាត្រីសួស្ដី!

Goedenavond!

លាហើយ

Tot ziens

ទិសដៅ

richting

អីវ៉ាន់

bagage

កាបូប

zak

កាបូបស្ពាយក្រោយ

rugzak

ភ្ញៀវ

gast

បន្ទប់

kamer

ថង់ដេក

slaapzak

តង់

tent

ព័ត៌មានទេសចរណ៍

toeristeninformatie

ឆ្នេរ

strand

កាតឥណទាន

kredietkaart

អាហារពេលព្រឹក

ontbijt

អាហារថ្ងៃត្រង់

lunch

អាហារពេលល្ងាច

avondeten

សំបុត្រ

ticket

ជណ្ដើរស្វ័យយន្ត

lift

តែម

postzegel

ព្រំដែន

grens

ពន្ធ

douane

ស្ថានទូត

ambassade

ទិដ្ឋាការ

visum

លិខិតឆ្លងដែន

paspoort

កប៉ាល់
schip

យន្តហោះ
vliegtuig

ម៉ាស៊ីនភ្លុលេីង
brandweerwagen

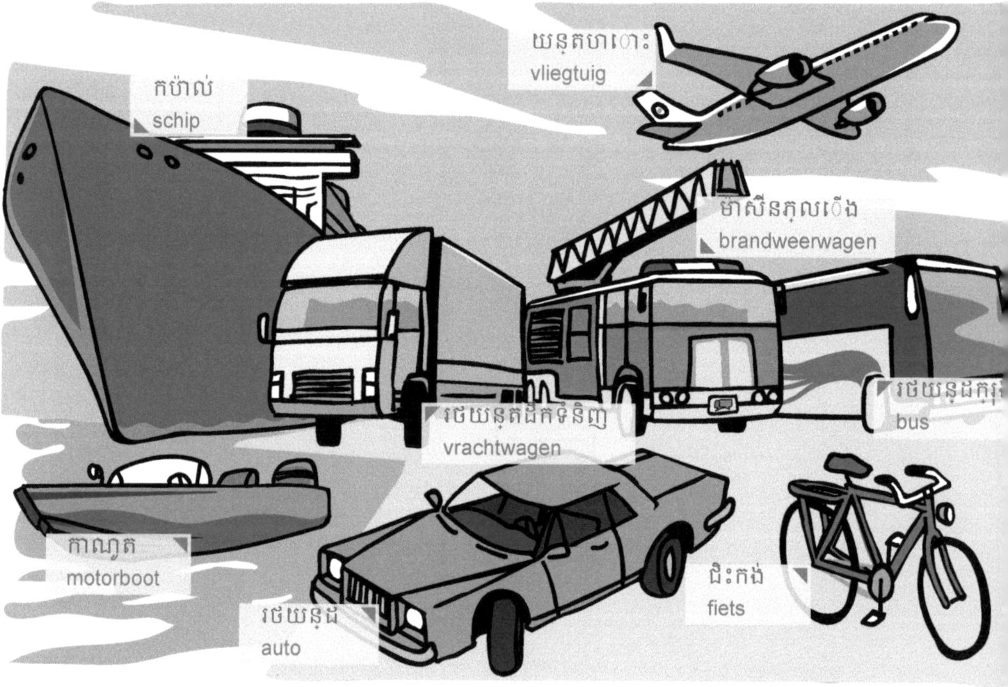

ឡេយន្តដឹកទំនិញ
vrachtwagen

ឡេយន្តដក្រុ
bus

កាណូត
motorboot

ជិះកង់
fiets

ឡេយន្តដ
auto

សាឡ្យាង

veerboot

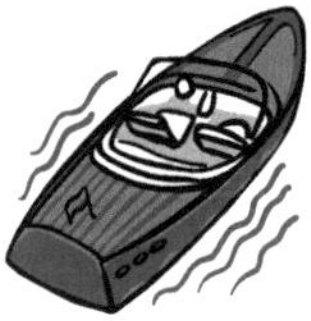

ទូក

boot

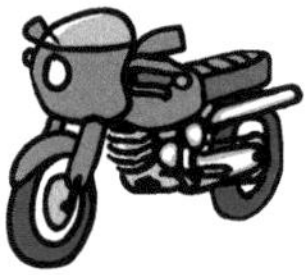

ម៉ូតូ

motor

ឡេយន្តកប៉ូលិស

politiewagen

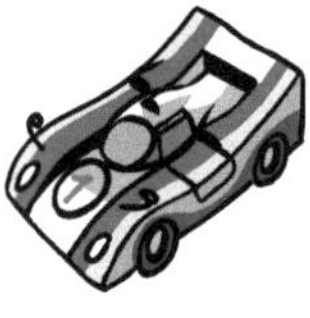

ឡេយន្តកបរណាំង

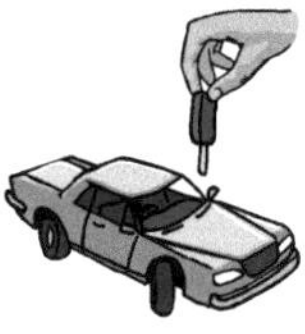

racewagen

ឡេយន្តកជួល

huurauto

ការចែករំលែករថយន្ត

carpoolen

ឡានសុទូច

sleepwagen

ឡានបរមូលសំរាម

vuilniswagen

ម៉ូទ័រ

motor

បរេងឥន្ធនៈ

benzine

សុថានីយបរេង

benzinestation

ឞុលាកសញ្ញាចរាចរណ៍

verkeersbord

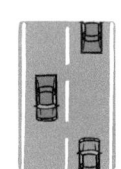

ការធ្វើរេ៊ើចរាចរណ៍

verkeer

កកសុទៈចរាចរណ៍

file

ចំណត

parkeerplaats

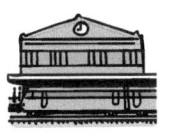

សុថានីយរថភ្លើង

station

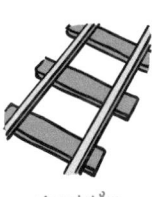

ផ្លូវរថភ្លើង

sporen

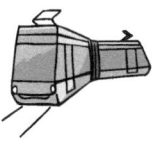

រថភ្លើង

trein

រថអគ្គីសនី

tram

ទូរថភ្លើង

wagon

ឧទ្ធម្ភាគចក្រ

helikopter

ព្រលានយន្តហោះ

luchthaven

ប៉ម

toren

អ្នកដំណើរ

passagier

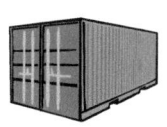

កុងតឺន័រ

container

ករដាសកាតុង

karton

រទេះ

kar

កញ្ចប់

mand

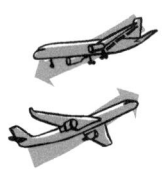

ហោះឡើង / ចុះ

opstijgen / landen

ទីក្រុង

stad

ភូមិ

dorp

កណ្តាលទីក្រុង

stadscentrum

ផ្ទះ

huis

របោងកាពយន្ត
bioscoop

ការផ្សព្វផ្សាយ
reclame

ចង្កៀងតាមដងផ្លូវ
straatlantaarn

ផ្លូវ
straat

តាក់ស៊ី
taxi

CINEMA

ហាងអាហារសម្រន់
kiosk

អ្នកធ្មេីរជេីថ្ម
voetganger

ចិញ្ចើមផ្លូវ
trottoir

គំនូសឆ្នូងកាត់
zebrapad

ផ្លូង
vuilnisbak

ផ្លូងកាត់
kruispunt

គ្លាេីងសញ្ញាចរាចរណ៍
verkeerslichten

ខ្ទម
hut

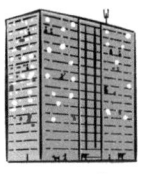

ផ្ទះលុវដៃ
woning

ស្ថានីយចតភ្លេីង
station

សាលាក្រុង
stadshuis

សារមន្ទីរ
museum

សាលារៀន
school

សាកលវិទ្យាល័យ

universiteit

ធនាគារ

bank

មន្ទីរពេទ្យ

ziekenhuis

សណ្ឋាគារ

hotel

ឱសថស្ថាន

apotheek

ការិយាល័យ

kantoor

ហាងលក់សៀវភៅ

boekwinkel

ហាង

winkel

ហាងផ្កា

bloemenwinkel

ផ្សារទំនើប

supermarkt

ទីផ្សារ

markt

ហាងទំនិញ

warenhuis

ហាងលក់ត្រី

vishandelaar

មជ្ឈមណ្ឌលផ្សារទំនើប

winkelcentrum

កំពង់ផែ

haven

ឧទ្យាន

park

បង្គ

bank

ស្ពាន

brug

ជណ្តើរចេវ

trap

ផ្លូវក្រោមដី

metro

ផ្លូវរូងក្រោមដី

tunnel

ចំណតរថយន្តក្រុង

bushalte

បារ

bar

ភោជនីយដ្ឋាន

restaurant

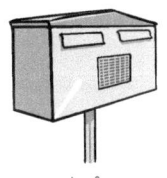

ប្រអប់សំបុត្រ

brievenbus

សញ្ញាផាមដងផ្លូវ

straatnaambord

ឧបករណ៍បូរម្មូលផុលថៃណព

parkeermeter

សួនសត្វ

zoo

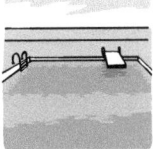

អាងហាលែទឹក

zwembad

វិហារអ៊ីស្លាម

moskee

កសិដ្ឋាន

boerderij

ការបំពុល

milieuverontreiniging

វាលកប់ខ្មោចពេច

kerkhof

ពុរៈវិហារ

kerk

គុររៀងអំអិលកុមងេលងេ

speelplaats

បុរសាទ

tempel

ទេសភាព

landschap

ស្លឹក
blad

សញ្ញាបុរាប់ទិសសងេទៅ
wegwijzer

ផ្លូវ
weg

វាលស្មៅ
ទៅ
weide

ដុំថ្ម
steen

អនកទ្បេងភ្នំ
wandelaar

ទន្លេ
rivier

ដើមឈើ
boom

ស្មៅទៅ
gras

ផ្កា
bloem

ជ្រលងភ្នំ
vallei

កូនភ្នំ
heuvel

បឹង
meer

ព្រៃឈើ
bos

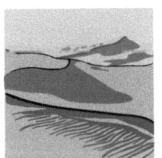

វាលខ្សាច់
woestijn

ភ្នំភ្លើង
vulkaan

គរោកុរប្រី
kasteel

ផ្នូរធ្នូ
regenboog

ផ្សិត
paddenstoel

ដើមត្នោត
palmboom

មូស
mug

រុយ
vlieg

ស្រមោច
mier

សត្វឃ្មុំ
bijl

ពីងពាង
spin

សត្វកញ្ចៅរ៉ៃ

kever

កង្កែប

kikker

កំប្រុក

eekhoorn

សត្វកាំបុរមោ

egel

ទន្សាយស្រុលឹក

haas

សត្វទីទុយ

uil

បក្សី

vogel

ហង្ស

zwaan

ជ្រូក

wild zwijn

សត្វក្តាន់

hert

សត្វក្តាន់

eland

ទំនប់

dam

កង្ហារខ្យល់

windturbine

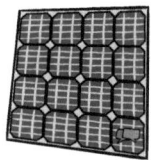

បន្ទះស្រូឡ្យា

zonnepaneel

អាកាសធាតុ

klimaat

restaurant

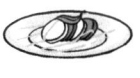

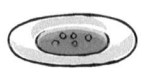

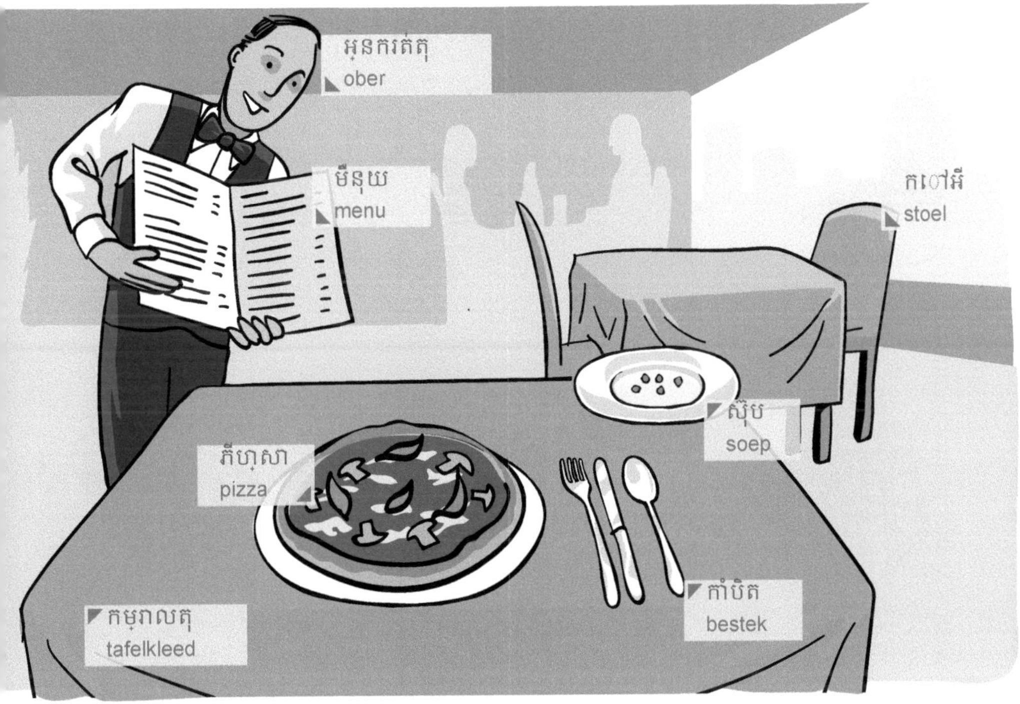
អ្នករត់តុ
ober
មីនុយ
menu
កៅអី
stoel
ស៊ុប
soep
ភីហ្សា
pizza
កាំបិត
bestek
កម្រាលតុ
tafelkleed

អាហារសម្រន់

voorgerecht

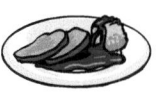

អាហារសំខាន់

hoofdgerecht

បង្អែម

nagerecht

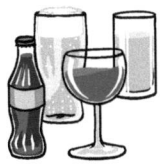

ភេសជ្ជៈ

drankjes

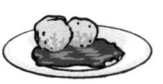

អាហារ

eten

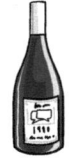

ដប

fles

អាហារហ័ស

fastfood

អាហារតាមផ្លូវ

street food

ប៉ាន់តៃ

theepot

បុអប់សុករ

suikerpot

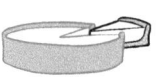

ចំណែក

portie

ម៉ាសីនធុងកាហ្វេអ៊ិចស្ពូរសុ

espressomachine

កៅអីខ្ពស់

kinderstoel

វិក្កយបត្រ

rekening

ថាស

dienblad

កាំបិត

mes

សម

vork

ស្លាបព្រា

lepel

ស្លាបព្រាកាហ្វេ

theelepel

កន្សែងជូតខ្លួន

serviette

កវ

glas

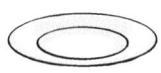

ចានទាប

bord

ចានស៊ុប

soepbord

ចានទុរនាប់

schoteltje

ទឹកជ្រលក់

saus

ដបអំបិល

zoutvatje

ប្រដាប់កិនម្រេច

pepermolen

ទឹកខ្មេះ

azijn

ប្រេង

olie

គ្រឿងទេស

kruiden

ទឹកប់ឃេប់ពោះ

ketchup

ម៉ូតា

mosterd

ទឹកមយ៉ូណារ

mayonaise

ផ្សារទំនើប
supermarkt

ការផ្តល់ជូនពិសេស
aanbieding
FOR
អតិថិជន
klant
ទឹកដោះគោ
zuivelproducten
ផ្លែឈើ
fruit
រទេះរុញ
winkelwagen

BUTCHERS

ហាងកាប់ជ្រូក

slagerij

BAKERY

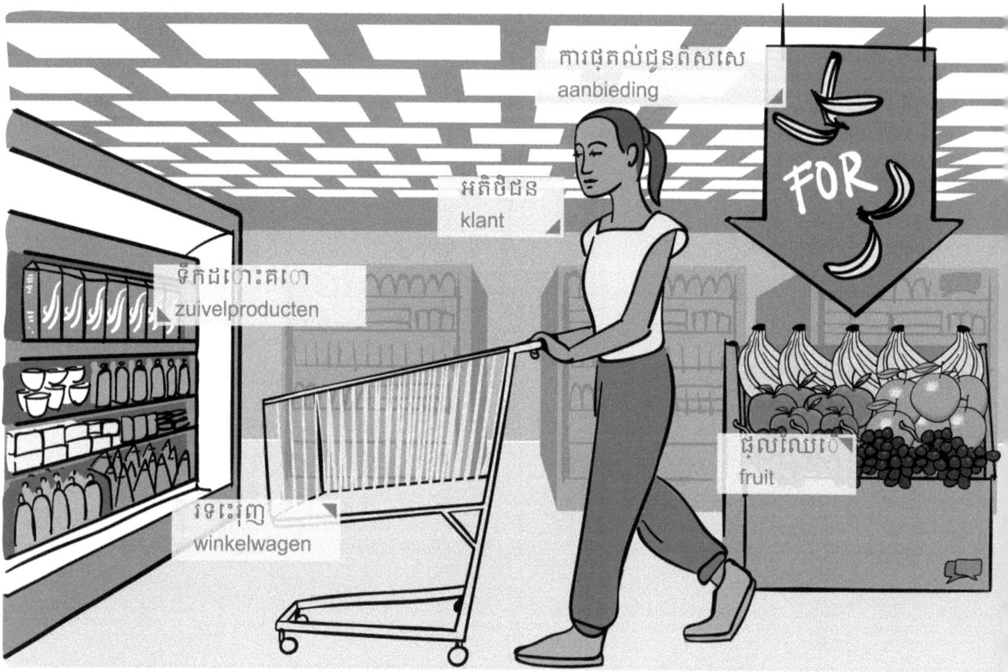

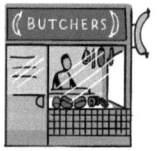

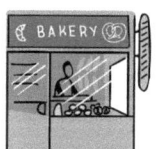

ហាងដុតនំ

bakkerij

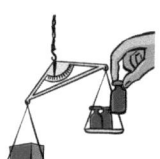

ថ្លឹង

wegen

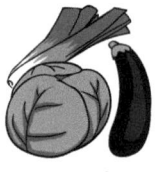

បន្លែ

groenten

សាច់

vlees

អាហារក្លាស្សេ

diepvriesvoedsel

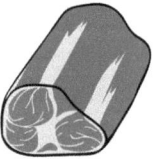

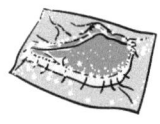

សាច់កុលាសរ

charcuterie

អាហារកំប៉ុង

conserven

មុសរៅលាង

waspoeder

សុអរគុរាប់

snoep

ផលិតផលក្នុងគ្រួសារ

huishoudproducten

ផលិតផលសម្អាត

schoonmaakproducten

អ្នកលក់

verkoopster

ថតជាក់លុយ

kassa

បង្ក្យ

kassier

បញ្ជីទិញទំនិញ

boodschappenlijstje

ម៉ោងផ្សេរៀការ

openingstijden

កាប្បូបប្យុយបុរស

portefeuille

កាតឥណទាន

kredietkaart

ថង់

tas

ថង់ប្លាស្ទិច

plastieken zakje

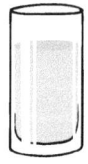

ទឹក

water

ទឹកផ្លែឈើ

sap

ទឹកដោះគោ

melk

កូកាកូឡា

cola

ស្រា

wijn

ស្រាបៀរ

bier

គ្រឿងស្រវឹង

alcohol

កាកាវ

cacao

តែ

thee

កាហ្វេ

koffie

កាហ្វេឥតស្ករស្វ

espresso

កាហ្វេកោពូឈីណូ

cappuccino

ចេក

banaan

ផ្លែប៉ោម

appel

ផ្លែក្រូច

sinaasappel

ឪឡឹក

meloen

ក្រូចឆ្មា

citroen

ការ៉ុត

wortel

ខ្ទឹម

knoflook

ឫស្សី

bamboe

ខ្ទឹមបារាំង

ajuin

ផ្សិត

champignon

គ្រាប់ផ្លែឈើ

noten

មី

noodles

ម៉ីអ៊ីតាលី

spaghetti

ហាយ

rijst

សាឡ្បាត់

salade

ដំឡូងចៀន

frieten

ដំឡូងចៀន

gebakken aardappelen

ភីហ្សា

pizza

ប៊ីហ្គឺ

hamburger

សាំងវិច

sandwich

សាច់ជាប់ឆ្អឹងជំនី

kalfslapje

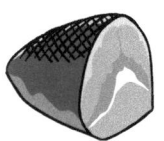

ហាំ

ham

សាឡ្បាម៉ី

salami

សាច់ក្រក

worst

សាច់មាន់

kip

អាំង

braden

ត្រី

vis

អាវ៉ែនបបរ

havervlokken

មុយស្លី

muesli

ជំឡុងចំណិត

cornflakes

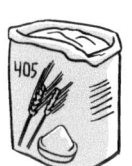

មុសរៅ

bloem

នំគ្រូសង់

croissant

នំបុ័ងមុយ៉ាងមួលតូចៗ

pistolet

នំបុ័ង

brood

អាំង

toast

នំប៊ីស្គី

koekjes

ប៊ឺរ

boter

ទឹកដេះខាប់

kwark

នំខេក

taart

ស៊ុត

ei

ស៊ុតចរៀន

spiegelei

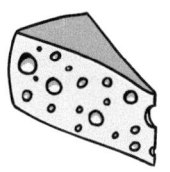

ឈីស

kaas

ការ៉េម

ijs

ស្ករ

suiker

ទឹកឃ្មុំ

honing

ជំណាប់

confituur

ក្រមៃគាំងម៉ៃ

choco

ការី

curry

ផ្ទះទុំនុងកសិដ្ឋហាន
boerderij

ជង្ងុរុក
schuur

ខ្សែចេងចម្មបឺ
ង
strobaal

វាលស្ររៃ
veld

សះ
paard

ចេសណ្ណដ្ឋពោង
aanhangwagen

កូនសពោ
veulen

តុរាកទ័រ
tractor

សត្តុលោ
ezel

សត្តរៃចៀម
schaap

កូនចៀម
lam

ពពៃ
geit

គពោញី
koe

កូនគពោ
kalf

ជ្រូក
varken

កូនជ្រូក
biggetje

គពោឈ្មុមពោល
stier

សត្វក្ងាន

gans

ទា

eend

កូនមាន់

kuiken

មមោន់

kip

មាន់ឈ្មោល

haan

កណ្តុរ

rat

ឆ្មា

kat

កណ្តុរប្រមេះ

muis

គោឈ្មោល

os

ឆ្កែ

hond

ផ្ទះឆ្កែ

hondenhok

ទុយោទឹក

tuinslang

ធុងស្រោចទឹក

gieter

ខវែបក

zeis

នង្គ័ល

ploeg

កណ្ដៀវ
sikkel

ចបកាប់
schoffel

រនាស់
hooivork

ពូថៅ
bijl

រទេះរុញ
kruiwagen

ស្នូក
trog

កំប៉ុងទឹកដោះគោ
melkkan

ហារ
zak

របង
hek

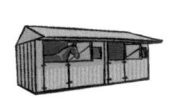

ក្រោលបេ
stal

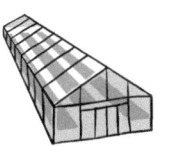

ផ្ទះកញ្ចក់
broeikas

ដី
bodem

គ្រាប់ពូជ
zaad

ជី
mest

ម៉ាស៊ីនច្រូតមួលផល
maaidorser

បូរម្មូលផល

oogsten

ការបូរម្មូលផល

oogst

ជំទ្បូងជុក

yam

ស្មូវសាលី

tarwe

សណ្ដូជកែសៀ្បង

soja

ជំទ្បូងជុក

aardappel

ព្ភោត

maïs

តុរាប់បូរងរ៉ាបៃ

koolzaad

ដើមឈើហ្ប្ប្លូល្បៃ

fruitboom

ជំទ្បូងម៉ី

maniok

ចញ្ញជាតិ

graan

បំពង់ផ្សែង
schoorsteen

ដំបូល
dak

ទុយបុងហ្ឫរទឹក
regenpijp

បង្អួច
raam

ហ្គារ៉ាស
garage

កណ្ដឹងទ្វារ
deurbel

ទ្វារ
deur

ធុងសំរាម
vuilnisbak

បុរអប់សំបុត្រ
brievenbus

សួនច្បារ
tuin

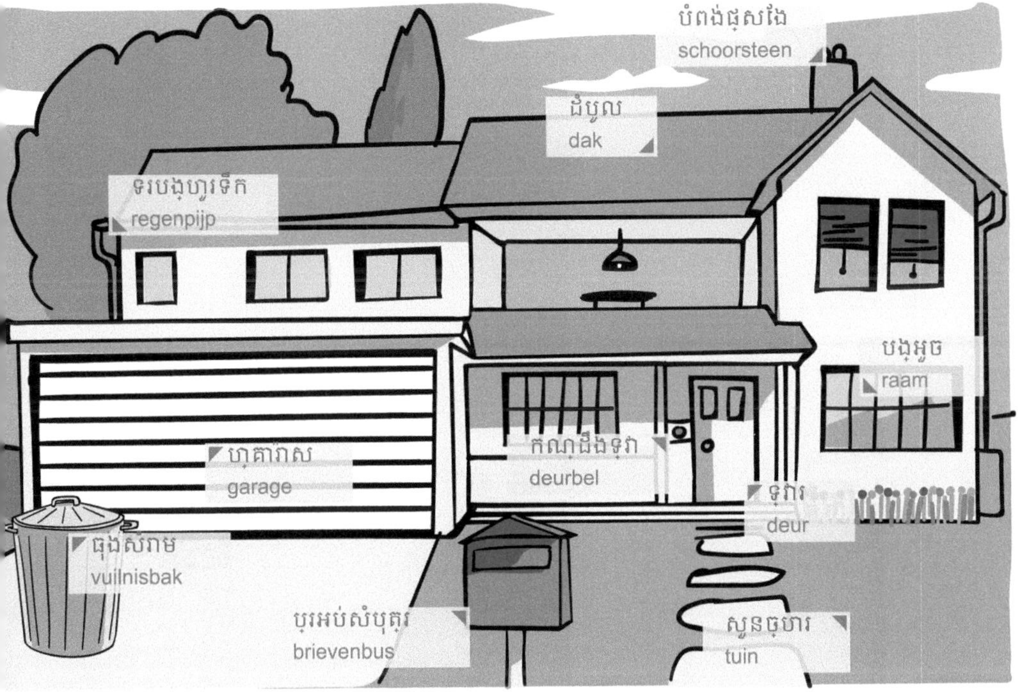

បន្ទប់ទទួលភ្ញៀវ
woonkamer

បន្ទប់ទឹក
badkamer

ផ្ទះបាយ
keuken

បន្ទប់គេង
slaapkamer

បន្ទប់របស់កុមារ
kinderkamer

បន្ទប់ទទួលទានអាហារ
eetkamer

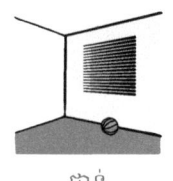

ជាន់

vloer

ជញ្ជាំង

muur

ពិដាន

plafond

បន្ទប់ក្រោមដី

kelder

សូណា

sauna

យ៉រ

balkon

ផ្ទៃវាលបសុមរើនទៅជមរាលកុនំ

terras

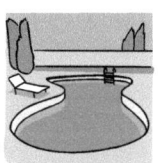

អាងហែលទឹក

zwembad

ម៉ាស៊ីនកាត់សុមទៅ

grasmaaier

សនុលឹក

dekbedovertrek

កមុរលគុរដៃកេ

dekbed

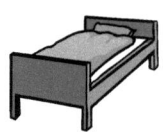

គុរវើ

bed

អំបោស

bezem

ធុង

emmer

កុងតាក់

schakelaar

បន្ទប់ទទួលភ្ញៀវ
woonkamer

ផ្ទាំងរូបភាព
behangpapier
រូបភាព
foto
ចង្កៀង
lamp
ធ្នើ
schap
ទូដាក់ចាន
kast
ទូរទស្សន៍
televisie
ជើងក្រានកម្ដៅផ្ទះ
open haard
ផ្កា
bloem
ខ្នើយ
kussen
សាឡុង
sofa
ថូ
vaas
ការបញ្ជាពីចម្ងាយ
afstandsbediening

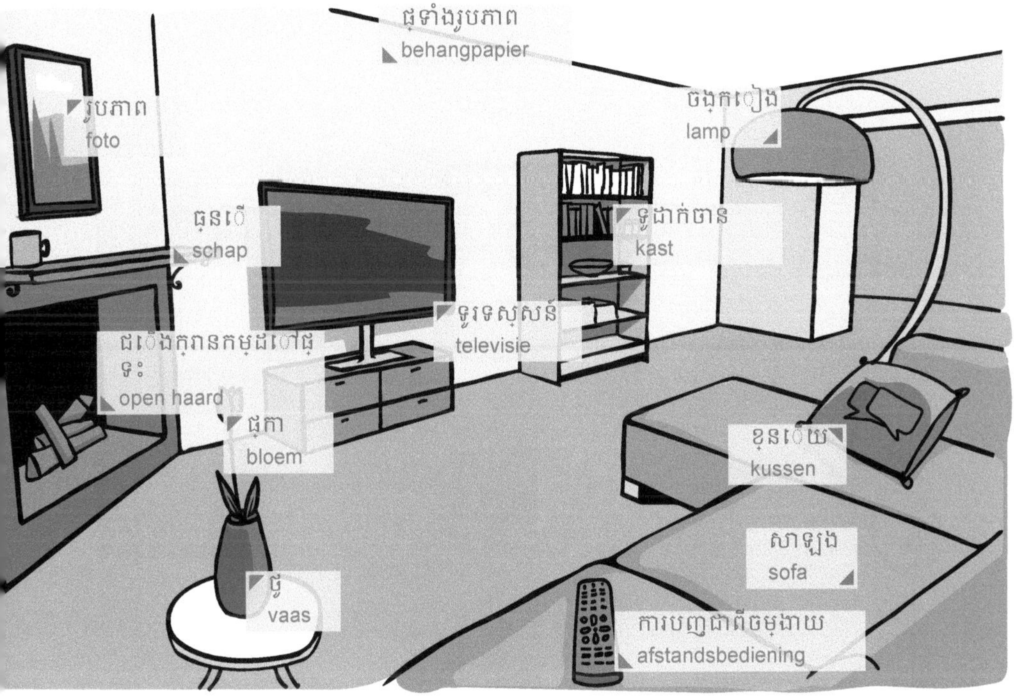

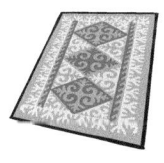

កម្រាលព្រំ
mat

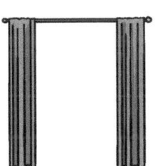

វាំងនន
gordijn

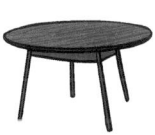

តុ
tafel

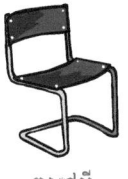

កៅអី
stoel

កៅអីប៉ាក់ប៉ើក
schommelstoel

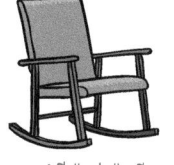

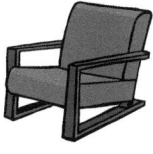

កៅអីភ្នាក់ដៃ
fauteuil

សៀវភៅ

boek

ភួយ

deken

ការតុបតែង

decoratie

អុសដុត

brandhout

ខ្សែភាពយន្ត

film

ឧបករណ៍ Hi-Fi

stereo-installatie

កូនសោ

sleutel

កាសែត

krant

គំនូរ

schilderij

ផ្ទាំងរូបភាព

poster

វិទ្យុ

radio

ណូតផតគេ

notitieboekje

ម៉ាស៊ីនបូមធូលី

stofzuiger

ដំបងយក្ស

cactus

ទៀន

kaars

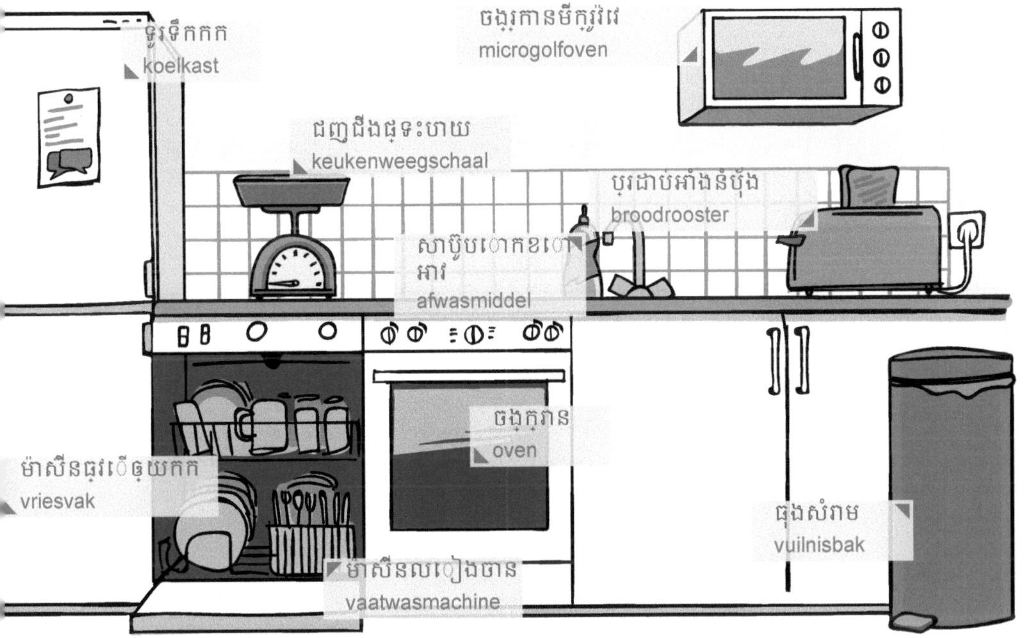

ទូរទឹកកក
koelkast

ចង្ក្រានមីក្រូវ៉េវ
microgolfoven

ជញ្ជីងផ្ទះបាយ
keukenweegschaal

បុរដោបអាំងនំប៉័ង
broodrooster

សាប៊ូបោកខោ
អាវ
afwasmiddel

ចង្ក្រាន
oven

ម៉ាស៊ីនធ្វើឱ្យទឹកកក
vriesvak

ធុងសំរាម
vuilnisbak

ម៉ាស៊ីនលាងៀងចាន
vaatwasmachine

ចង្ក្រាន

fornuis

ឆ្នាំង

pot

ឆ្នាំងដែកគ

gietijzeren pot

ខ្ទះ / ខ្ទះពណ្ឌា

wok / kadai

ខ្ទះ

pan

កំសៀរ

waterkoker

ឥ្នាំងចំហុយ

stoomkoker

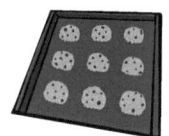

ចាសដុតនំ

bakplaat

គ្រឿងៗចានឥ្នាំងជី

servies

ថ្ជ

mok

ចានតេាម

kom

ចង្កឹះ

eetstokjes

វកែសមុល

pollepel

វកែក្ូរ

spatel

បុរដាប់វាយក្រឡេក

garde

តម្រង

vergiet

កន្ុត្រង

zeef

បុរដាប់កេាសដុង

rasp

គុហាល់

mortier

ការអាំងសាច់

barbecue

ចង្ក្រានចំហា

haardvuur

ជេវេញ្ញ

snijplank

ប្ញុរដាប់កិនម្ញុរ

deegrol

ប្ញុរដាប់ម្ញុរបេីកឆ្នុកស្ក្ញា

kurkentrekker

កំប៉ុង

blik

ប្ញុរដាប់បេីកកំប៉ុង

blikopener

ក្ញុរណាត់ទ្ញុរប់ឆ្នាំង

pannenlap

កន្ញុលផែលឡាងចាន

gootsteen

ជេក់

borstel

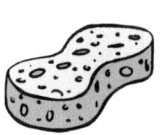

អប៉ុង

spons

ប៉ាសុីនក្ញុរឡ្ញ្រក

blender

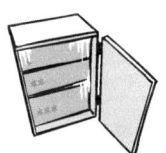

ទ្ញូរទ្ញឹកកកខ្ញុនាពព្ញូ្ញច

vriezer

ដ្ញបទ្ញឹកព្ញ្រេះ្រត្ញ្រេះ

papfles

រ្ញ្ញបីណ្ញ្រ

kraan

កម្ដៅរៅ
verwarming

ផ្កាឈូក
douche

កន្សែង
handdoek

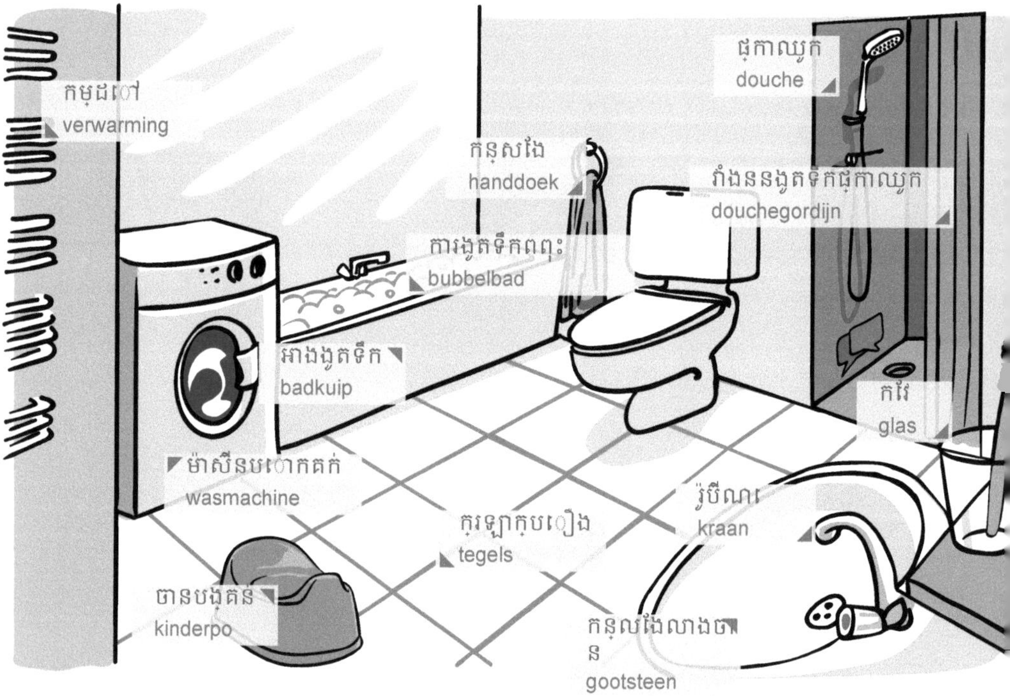

រាំងននង្គុតទឹកផ្កាឈូក
douchegordijn

ការង្គុតទឹកពពុះ
bubbelbad

អាងង្គុតទឹក
badkuip

កវៃ
glas

ម៉ាស៊ីនមបោកគត់
wasmachine

រូបីណារ
kraan

ការរឡ្បាក្បបរឿង
tegels

ចានបង្គន់
kinderpo

កន្សលៃលាងចាន
gootsteen

បង្គន់	បង្គន់អង្គុយ	ផរឡឹងជមរៈកាយ
toilet	hurktoilet	bidet

កុលាំទឹកនបោម	កុរដាសបង្គន់	ចរាសដុសបង្គន់ន
urinoir	toiletpapier	toiletborstel

ច្រាសដុសធ្មេញ

tandenborstel

ថ្នាំដុសធ្មេញ

tandpasta

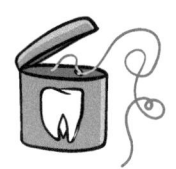

ខ្សែទោក់សម្អាតធ្មេញ

flosdraad

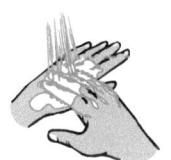

លាង

wassen

បុរងាប់ដាក់ដៃផ្កាឈូក

handdouche

ទឹកថ្នាំសម្រាប់ហាញ់លាង

bidethanddouche

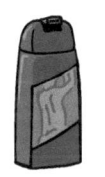

អាង

waskom

ច្រាសដុសខ្នង

rugborstel

សាប៊ូ

zeep

លសបុរាប់ងូតទឹកផុតការឈូ
ក

douchegel

ហាប៊ូ

shampoo

សក្របោត

washandje

បំពង់បង្ហូរទឹក

afvoer

ក្រមៃ

crème

ថ្នាំបំហាត់កុលិនអាក្ររ

deodorant

កញ្ចក់

spiegel

កញ្ចក់ដៃ

handspiegel

បូរដាប់កកោរ

scheermes

ហ្វូមកកោរពុកមាត់

scheerschuim

ទឹកលាងក្រវាយកកោរពុកមាត់រួច

aftershave

ក្រវាស

kam

ជក់

borstel

បូរដាប់សម្ងួតសក់

haardroger

សុពុរាយហាញ់សក់

haarlak

ការតុបតែងមុខ

make-up

ក្រមែលាបមាត់

lippenstift

ថ្នាំលាបក្រចក

nagellak

រោមកប្បាស

watten

កន្ត្រៃកាត់ក្រចក

nagelknipper

ទឹកអប់

parfum

កាបូបបពោកគតក់
toilettas

លាមក
kruk

ជញ្ជីងថ្លឹងទម្ងន់
weegschaal

អាវពោក់ងូតទឹក
badjas

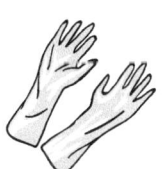

ស្រោមដៃពេស្យ
latex handschoenen

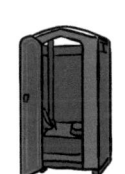

ឆ្នុក
tampon

កន្សែងអនាម័យ
maandverband

បង្គន់គីមី
chemisch toilet

បន្ទប់របស់កុមារ

kinderkamer

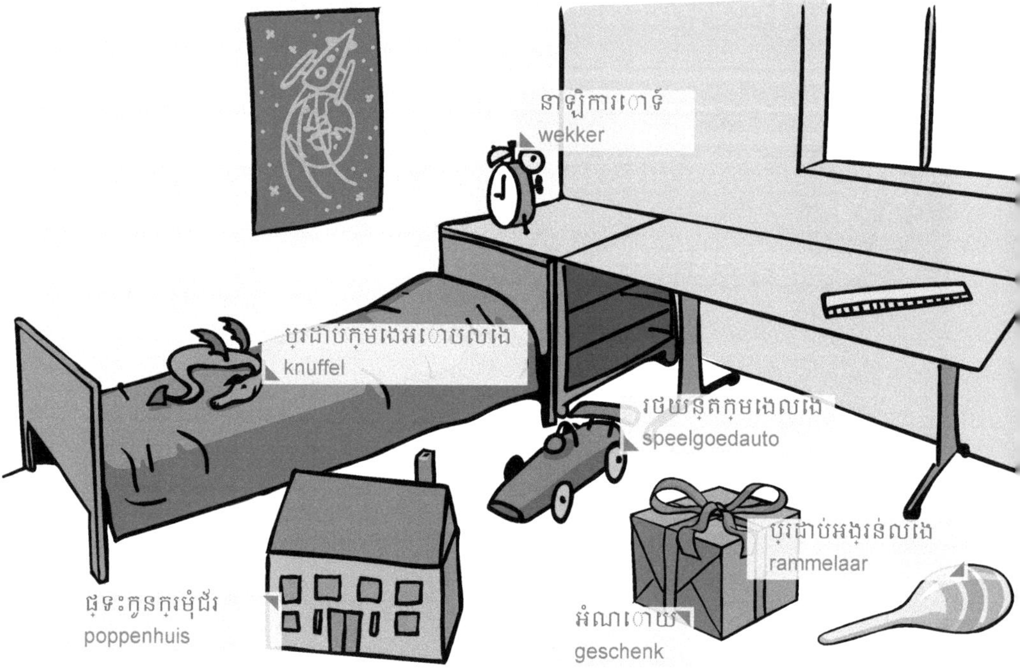

នាឡិការោទ៍
wekker
ប្រដាប់ក្មេងអោបលេង
knuffel
រថយន្តក្មេងលេង
speelgoedauto
ប្រដាប់អង្រន់លេង
rammelaar
ផ្ទះកូនក្រមុំជ័រ
poppenhuis
អំណោយ
geschenk

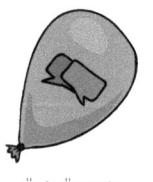

ប៉េងប៉ោង

ballon

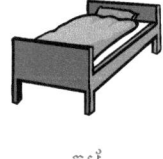

គ្រែ

bed

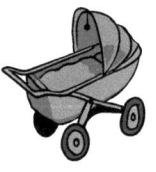

រទេះរុញទារក

kinderwagen

ហ៊ូបៀ

spel kaarten

រូបផ្គុំ

puzzel

SUPER MEGA

កំប្លែង

stripboek

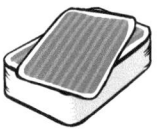

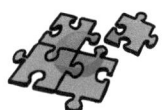

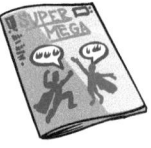

ឥដ្ឋ Lego

legoblokjes

ប៉ុលុកប៊ូរជោប់កុមេងលេងេ

blokken

គូលខេសកម្មភាព

actiefiguur

ខោអាវទារក

kruippakje

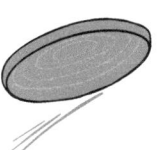

ការគប់ចាស

frisbee

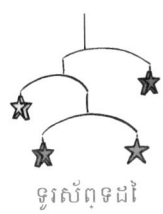

ទូរស័ព្ទដៃ

mobiel

កុតារល្បែងេ

bordspel

គុវាប់ឡេកឡ្បាក់

dobbelsteen

ឈុតផេភ្លុលេ៉ីងគំរូ

modelspoorweg

រូបសំណាក

fopspeen

គណាបក្ស

feest

សៀេវភេាៀេរូបភាព

prentenboek

ហាល់

bal

កូនក្រម៉ុំគុក្កគា

pop

លេងេ

spelen

 រណ្ដៅលេងខ្សាច់

zandbak

ទោង

schommel

ប្រដាប់កុមលេងលេង

speelgoed

កុងសួលវីដេអូហ្គេម

spelconsole

កង់ចក្រយានយន្ត

driewieler

តុក្កតាខ្លាឃ្មុំ

knuffelbeer

ទូខោអាវ

kleerkast

សម្លៀកបំពាក់

kleding

ស្រោមជើង

sokken

ស្រោមជើងវែង

kousen

ខោទុនាប់នារី

maillot

កម្មៅ
sjaal

ធគរ
paraplu

អាវយឺត
T-shirt

សក្រែវរាត់
em

សូបកែជើងហាតា
sneakers

សូបកែជើងវៃង
laarzen

សូបកែជើងពាក់នោ

slippers

សូបកែជើងសង្រែក
sandalen

សូបកែជើង
schoenen

សូបកែជើងករវែកទៅស្ប
rubberlaarzen

ខោទូរនាប់បុរស
onderbroek

អាវទូរនាប់
beha

អាវកោក
onderhemd

វាងកាយ

lichaam

ខោពារវែង

broek

ខោពេខូវចិយ

jeans

សំពត់

rok

អាវក្រុរៅ

blouse

អាវ

hemd

អាវយឺត

trui

អាវយឺត

capuchontrui

អាវធំ

blazer

អាវក្រុរៅ

jas

អាវធំ

jas

អាវភ្លៀងរៀង

regenjas

គុររៀងតវែង

kostuum

អាវរវែង

jurk

សំលរៀកបំពាក់អាពាហ៍ពិពា
ហ៍

trouwjurk

ខោអាវឈុត

pak

រូបរាត្រី

nachthemd

ឈុតគេង

pyjama

សារី

sari

កន្សែងជូតក្បាល

hoofddoek

ផ្នួត

tulband

សុបម៉េខ

boerka

kaftan

kaftan

abaya

abaya

ឈុតបេបទឹក

badpak

ខោខ្លី

zwembroek

ខោខ្លី

short

ឈុតហាត់កីឡា

trainingspak

អាវអេប្រៀម

schort

ស្រោមដៃ

handschoenen

ឡ្យវអារ
knoop

វ៉ែនតា
bril

ខ្សែដៃ
armband

ខ្សែក
ketting

ចិញ្ចៀន
ring

កវិល
oorbel

មួក
pet

បុរដាប់ពួយអាវក្រៅ
kapstok

មួក
hoed

ក្រវាត់ក
das

រូត
rits

មួកសុវត្ថិភាព
helm

ខ្សែ
bretellen

ឯកសណ្ឋានសាលា
schooluniform

ឯកសណ្ឋាន
uniform

អៀមទារក

slabbetje

រូបសំណាក

fopspeen

ខោទឹកនោម

luier

ការិយាល័យ

kantoor

ម៉ាស៊ីនមេ
server

ទូឯកសារ
dossierkast

ម៉ាស៊ីនបោះពុម្ព
printer

ម៉ូនីទ័រ
monitor

កុរដាស
papier

តុការិយាល័យ
bureau

កណ្ដុរ
muis

សឺមី
map

តុតារចុច
toestenbord

កន្ត្រករដាក់សំរាមកុរដាស
papiermand

កុំព្យូទ័រ
computer

កៅអី
stoel

កវែកាហ្វេ

koffiemok

ម៉ាស៊ីនគិតលេខ

rekenmachine

អ៊ីនធឺណិត

internet

កុំព្យូទ័រយួរដៃ

laptop

លិខិត

brief

សារ

bericht

ទូរស័ព្ទដៃ

gsm

បណ្ដាញ

netwerk

ម៉ាស៊ីនថតចម្លង

kopieerapparaat

សូហ្វវែរ

software

ទូរស័ព្ទ

telefoon

រន្ធដោតភ្លើង

stopcontact

ម៉ាស៊ីនទូរសារ

fax

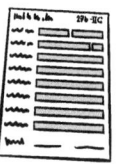

ទម្រង់បែបបទ

formulier

ឯកសារ

document

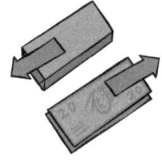

ទិញ
....
kopen

បង់ប្រាក់
....
betalen

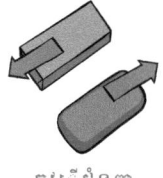

ធ្វើរ៏ជំនួញ
....
handelen

លុយ
....
geld

ប្រាក់ដុល្លារ
....
dollar

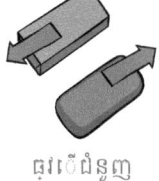

ប្រាក់អឺរ៉ូ
....
euro

ប្រាក់យ៉េន
....
yen

ប្រាក់រ៉ូបិល
....
roebel

ហ្វ្រង់ស្វីស
....
Zwitserse frank

ប្រាក់យ៉ន
....
Chinese renminbi

ប្រាក់រ៉ូពី
....
roepie

កុន្លៃប្រើសាច់ប្រាក់
....
geldautomaat

ការិយាល័យបត្តូរប្រាក់

wisselkantoor

មាស

goud

ប្រាក់

zilver

ប្រេង

olie

ថាមពល

energie

តម្លៃ

prijs

កិច្ចសន្យា

contract

ពន្ធ

belasting

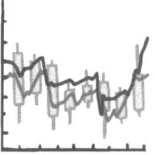

ភាគហ៊ុន

aandeel

ធ្វើការ

werken

បុគ្គលិក

werknemer

និយោជក

werkgever

រោងចក្រ

fabriek

ហាង

winkel

សេដ្ឋកិច្ច - economie

មុខរបរ
beroepen

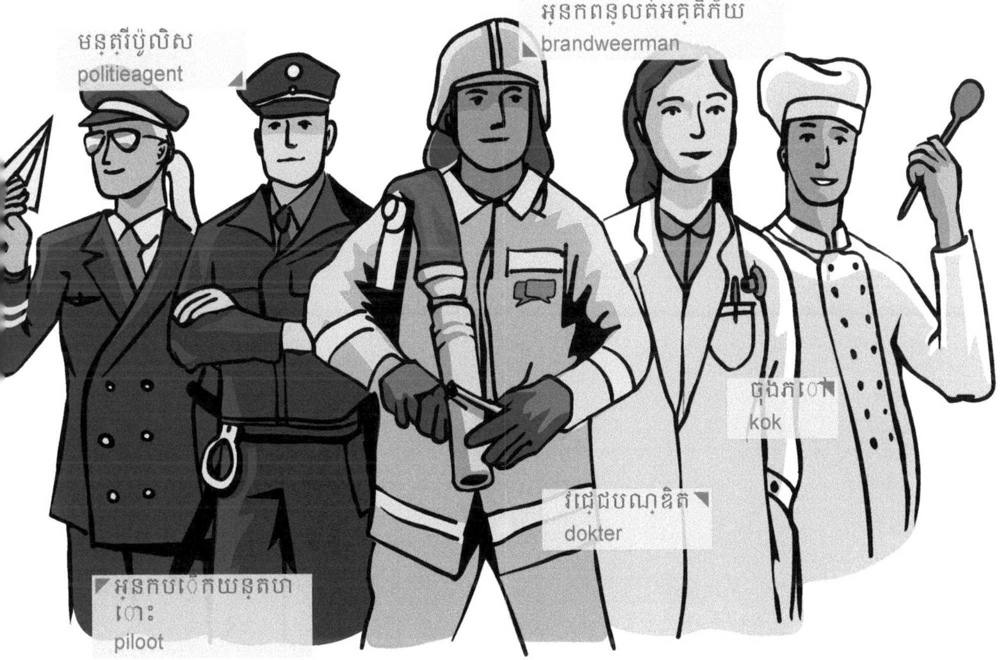
មន្ត្រីប៉ូលិស
politieagent
អ្នកពន្លត់អគ្គិភ័យ
brandweerman
ចុងភៅ
kok
វេជ្ជបណ្ឌិត
dokter
អ្នកបើកយន្តហោះ
piloot

អ្នកថែសួន
....
tuinman

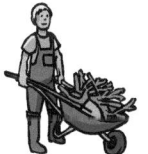

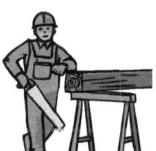

ជាងឈើ
....
timmerman

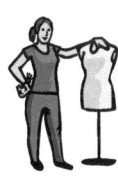

ជាងកាត់ដេរ
....
naaister

ចៅក្រម
....
rechter

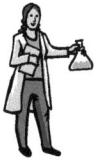

គីមីវិទូ
....
chemicus

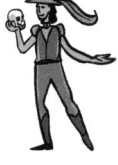

តួកុន
....
acteur

អ្នកបើកឡានក្រុង

buschauffeur

អ្នកបើកតាក់ស៊ី

taxichauffeur

អ្នកនសោទ

visser

សុត្តរីអ្នកសមុអាត

schoonmaakster

ជាងដំបូល

dakdekker

អ្នករត់តុ

ober

អ្នកបហាញ់សត្វ

jager

វិចិត្រករ

schilder

អ្នកដុតនំ

bakker

ជាងអគ្គីសនី

elektricien

ជាងសំណង់

bouwvakker

វិស្វករ

ingenieur

អ្នកកាប់សាច់

slager

ជាងជួសជុលទុយោរេទឹក

loodgieter

អ្នករត់សំបុត្រ

postbode

ទាហាន

soldaat

ស្ថាបត្យករ

architect

បេឡា

kassier

អ្នកលក់ផ្កា

bloemist

អ្នកកាត់សក់

kapper

អ្នកយកលុយ

conducteur

ជាងម៉ាស៊ីន

mecanicien

កាពីទែន

kapitein

ពទ្យយធ្មេញ

tandarts

អ្នកវិទ្យាសាស្ត្រ

wetenschapper

គ្រូបង្រៀនច្បាប់សញ្ជាតិ
ជ៊ហូវ

rabbijn

លោកសង្ឃយចាម

imam

ព្រះសង្ឃយ

monnik

បព្វជិត

geestelijke

ឧបករណ៍
werktuigen

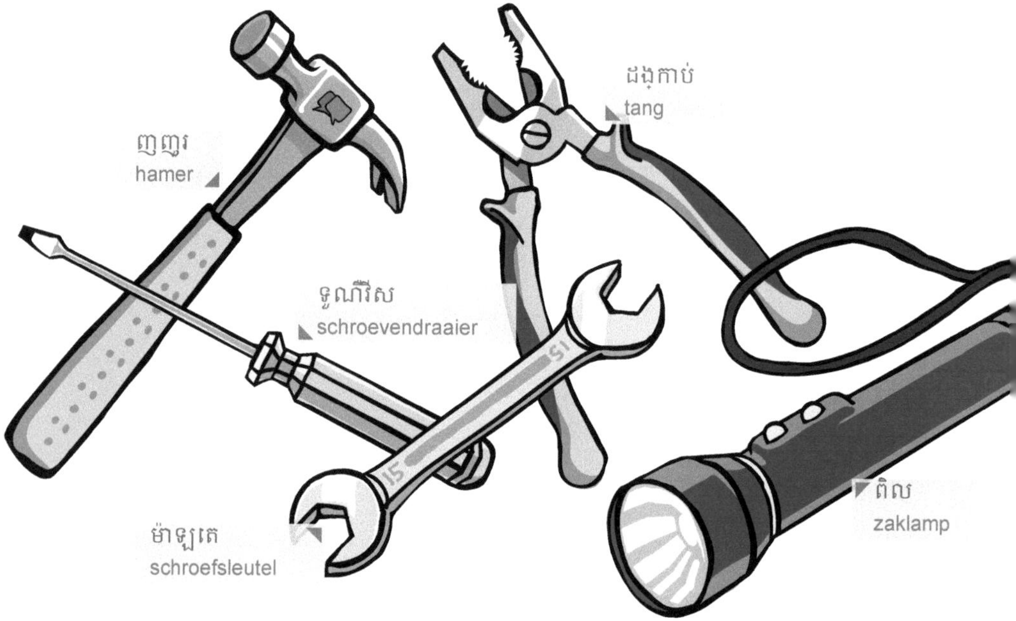
ញញួរ
hamer
ដង្កាប់
tang
ទួណឺវីស
schroevendraaier
ម៉ាឡេត
schroefsleutel
ពិល
zaklamp

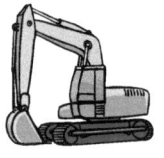

ម៉ាស៊ីនជីក
graafmachine

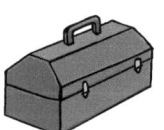

ប្រអប់ឧបករណ៍
gereedschapskoffer

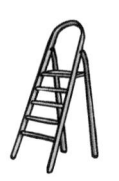

ជណ្ដើរ
ladder

រណារ
zaag

ដែកគោល
spijkers

ប្រដាប់ស្វាន
boormachine

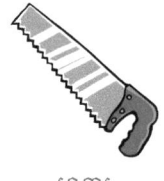

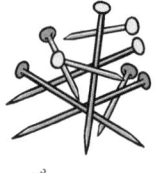

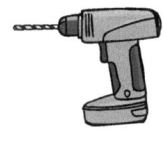

ជួសជុល

repareren

ប៉ែល

schop

ចង្រៃ!

Verdomme!

បរដោបចូកធូលី

blik

ធុងថ្នាំពណ៌

verfpot

វីស

schroeven

ឧបករណ៍តន្ត្រី

muziekinstrumenten

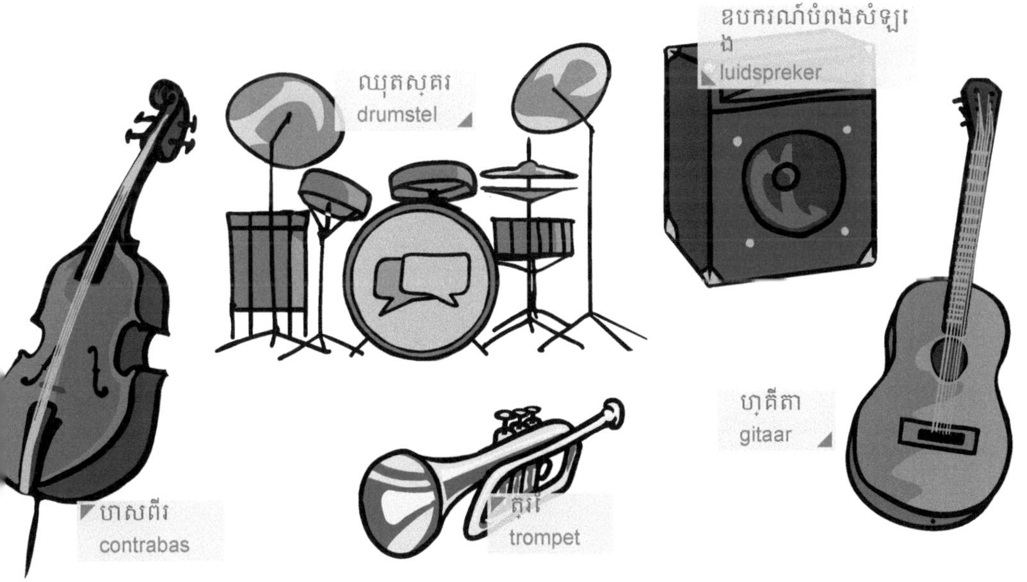

ឧបករណ៍បំពងសំឡេង
luidspreker

ឈុតស្គរ
drumstel

ហ្គីតា
gitaar

ហាសពីរ
contrabas

គ្រែ
trompet

ពុយ៉ាណូ

piano

វីយ៉ូឡុង

viool

ហាស

basgitaar

ស្គរពាសស្គុបកែមុយ៉ាង

pauk

ស្គរ

trommels

យ៉ឺបត

keyboard

សាក់ស៊ូហ្វូន

saxofoon

ខ្លុយ

fluit

មីក្រូហ្វូន

microfoon

ចូរកច្ចូល
ingang

សត្វខ្លា
tijger

ទ្រុង
kooi

សរៈបេងុកង់
zebra

ការខ្ចិយចិណ្ណសត្វ
diereneten

ខ្លាយមុជនេដា
panda

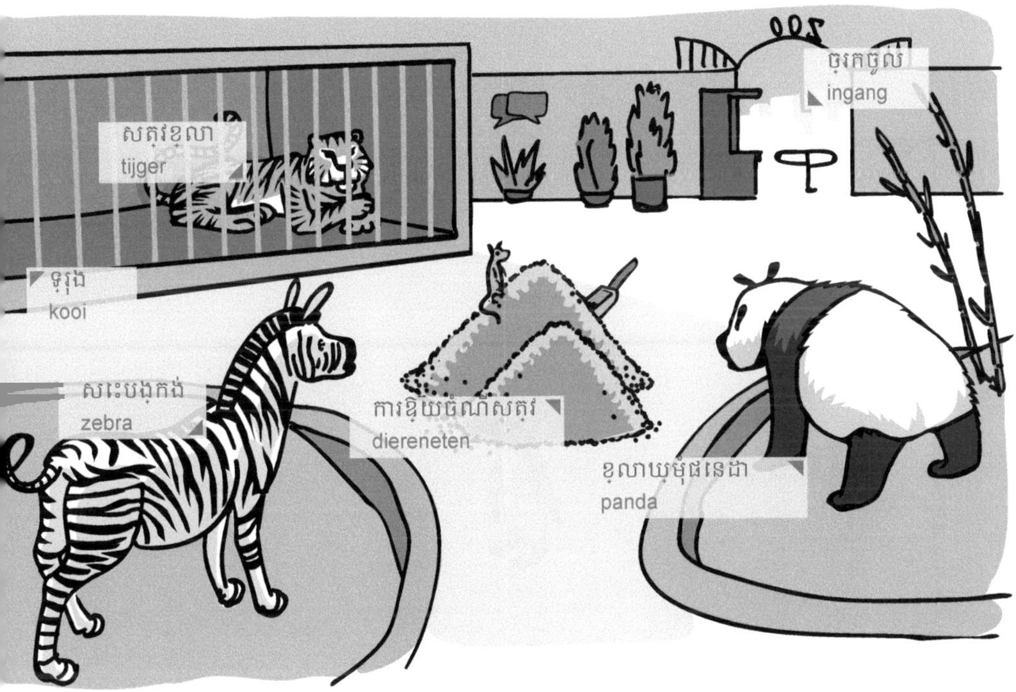

សត្វ

dieren

សត្វដំរី

olifant

សត្វកង់ហុការ្

kangoeroe

សត្វរមាស

neushoorn

សត្វសុវាហុត្រវឺឡ្ពា

gorilla

ខ្លាយមុំពណ៌តុន្ខោត

beer

សត្វអ្ងដ្ឋប

kameel

សត្វអ្ងទ្ងរីស

struisvogel

សត្វតហោ

leeuw

ស្ងវា

aap

សត្វកុររៀល

flamingo

សកិ

papegaai

ខ្លាយុម៉ុគំបន់ប៉ូល

ijsbeer

ជនេឃ្វីន

pinguïn

ត្រីឆ្លាម

haai

កុងហោក

pauw

សត្វពស់

slang

កុរពើ

krokodil

អ្នករកុសាស្ងនសត្វ

dierenverzorger

ឆ្មាទ្ងក

zeehond

ខ្លារខិនមុយ៉ាង

jaguar

កូនសេះ
pony

ខ្លារខិន
luipaard

សត្វដេរីទឹក
nijlpaard

សត្វករវែង
giraffe

ឥន្ទ្រី
adelaar

ជ្រូក
wild zwijn

ត្រី
vis

អណ្ដើកឺក
zeeschildpad

លហោមមច្ឆា
walrus

កញ្ជ្រោង
vos

កុជាន់
gazelle

កីឡាបាល់ទាត់អាមេរិក
rugby

ការបរណាំងកង់
wielrennen

កីឡាថឺនីស
tennis

កីឡាបាល់បោះ
basketbal

កីឡាហែលទឹក
zwemmen

កីឡាវាយកូនហាល់លេវីកក
ijshockey

កីឡាប្រដាល់
boksen

កីឡាបាល់ទាត់
voetbal

កីឡាវាយសី
badminton

អត្តពលកម្ម
atletiek

កីឡាបាល់កាន់
handbal

ការជិះស្គី
skiën

ប៉ូឡូ
polo

សរសើច
lachen

លោត
springen

ឱប
knuffelen

ដើរ
wandelen

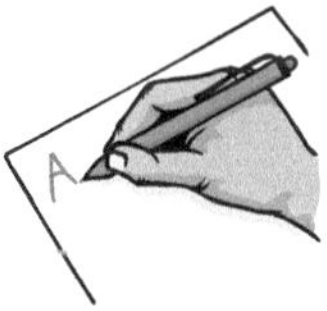

ច្រៀង
zingen

សុបិន្ត
dromen

អធិស្ឋាន
bidden

ថើបប
kussen

សរសេរ	គូរ	បង្ហាញ
schrijven	tekenen	tonen

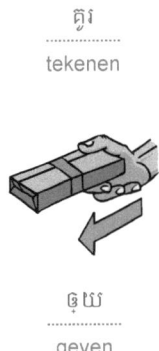

រុញ	ឲ្យ	យក
duwen	geven	nemen

មាន

hebben

ធ្វើ

doen

គឺ

zijn

ឈរ

staan

រត់

lopen

ទាញ

trekken

បោះ

gooien

ធ្លាក់

vallen

កុហក

liggen

រង់ចាំ

wachten

 យួរ

dragen

អង្គុយ

zitten

ស្លៀកពាក់

aankleden

ដេក

slapen

ភ្ញាក់ឡើង

ontwaken

សកម្មភាពនានា - activiteiten

មើល

kijken naar

យំ

wenen

គូសវាស

aaien

សិតសក់

kammen

និយាយ

praten

យល់

begrijpen

សួរ

vragen

ស្ដាប់

luisteren

ផឹក

drinken

បរិភោគ

eten

សម្អាត

opruimen

សុរបាល្យ

houden van

ចម្អិន

koken

បើកបរ

rijden

ហោះ

vliegen

ចតែកទូក

zeilen

គណនា

rekenen

អាន

Lezen

រៀន

leren

ធ្វើការ

werken

រៀបការ

trouwen

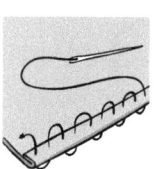

ដេរ

naaien

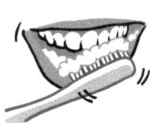

ដុសធ្មេញ

tandenpoetsen

សម្លាប់

doden

ជក់

roken

ផ្ញើ

sturen

ជីដូន
grootmoeder

ជីតា
grootvader

ឪពុក
vader

មុតាយ
moeder

ទារក
baby

កូនស្រី
dochter

កូនប្រុស
zoon

ភ្ញៀវ
gast

ម្ដាយ
tante

ពូ
oom

បងប្អូនប្រុស
broer

បងប្អូនស្រី
zus

រាងកាយ
lichaam

ថ្ងាស
voorhoofd
ភ្នែក
oog
សុមា
schouder
ម្រាមដៃ
vinger
មុខ
gezicht
ចង្កា
kin
ដៃ
hand
ជើង
been
សុដន់
borst
ដៃ
arm

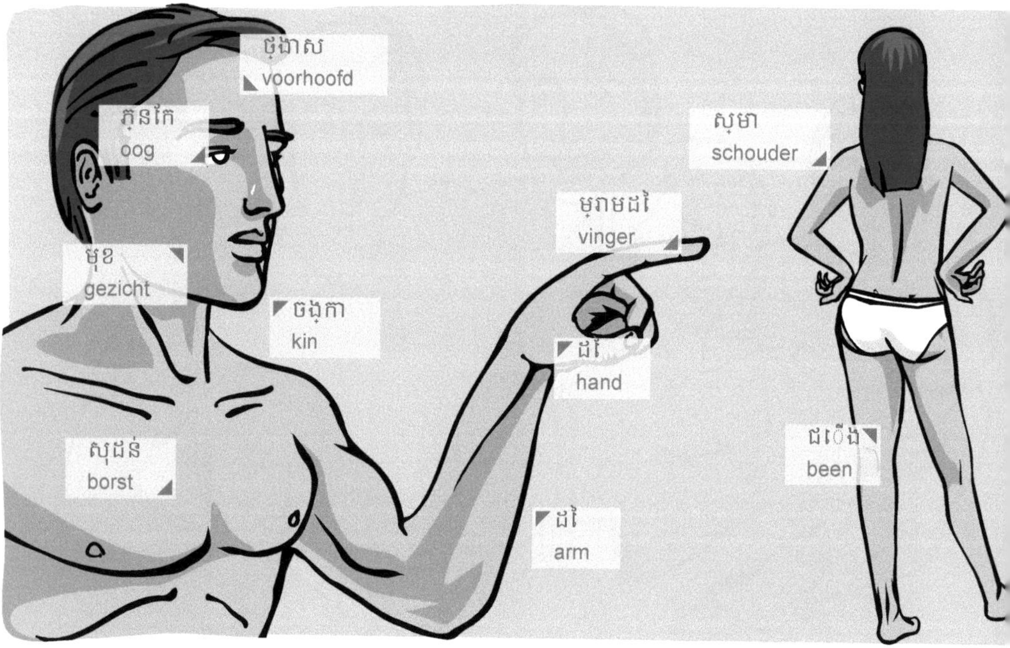

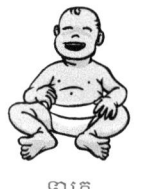

ទារក
baby

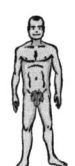

បុរស
man

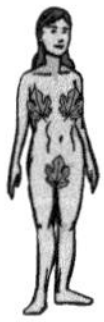

ស្ត្រី
vrouw

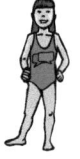

ក្មេងស្រី
meisje

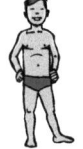

ក្មេងប្រុស
jongen

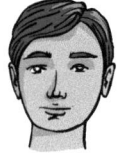

ក្បាល
hoofd

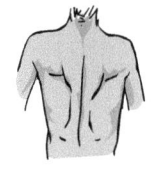

ខ្នង

rug

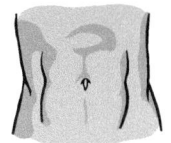

ពុះ

buik

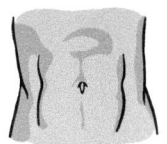

ផ្ចិត

navel

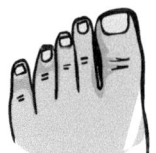

មុរមជេីង

teen

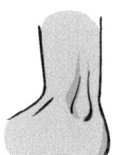

កែងជេីង

hiel

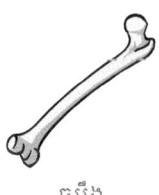

ឆ្អឹង

bot

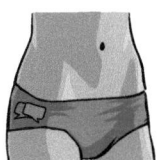

គូរគោក

heup

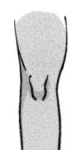

ជង្គង់

knie

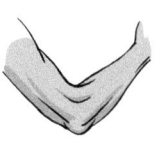

កែងដៃ

elleboog

ច្រមុះ

neus

គូទ

zitvlak

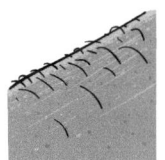

ស្បែក

huid

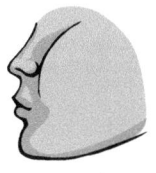

ថ្ពាល់

wang

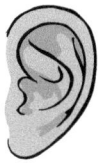

គូរចៀក

oor

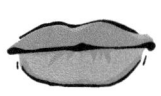

បបូរមាត់

lip

មាត់

mond

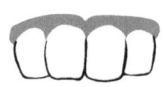

ធ្មេញ

tand

អណ្ដាត

tong

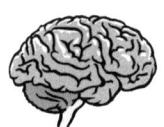

ខួរក្បាល

hersenen

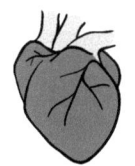

បេះដូង

hart

សាច់ដុំ

spier

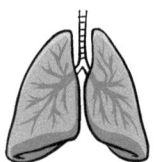

សួត

long

ថ្លើម

lever

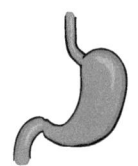

ក្រពះ

maag

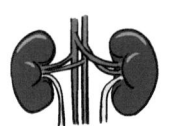

តម្រងនោម

nieren

ការរួមភេទ

seks

ស្រោមអនាម័យ

condoom

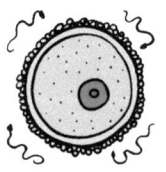

អូវុល

eicel

ទឹកកាម

sperma

ការមានផ្ទៃពោះ

zwangerschap

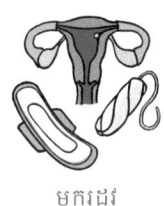

មករជ្ជុរ

menstruatie

ទ្វារមាស

vagina

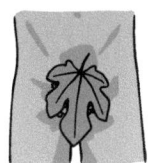

លិង្គ

penis

ចិញ្ចើម

wenkbrauw

សក់

haar

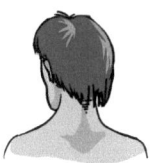

ក

nek

មន្ទីរពេទ្យ

ziekenhuis

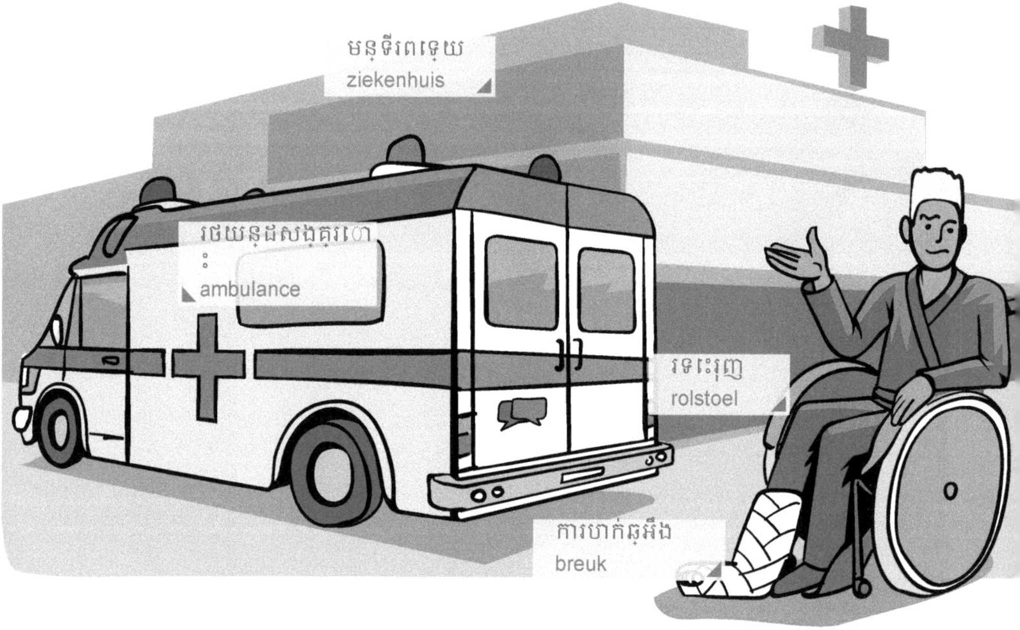

មន្ទីរពេទ្យ
ziekenhuis
រថយន្ដសង្គ្រោះ
ambulance
រទេះរុញ
rolstoel
ការបាក់ឆ្អឹង
breuk

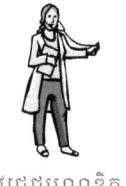

វេជ្ជបណ្ឌិត

dokter

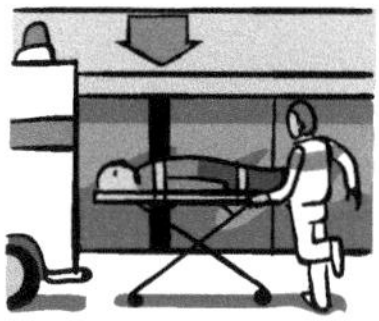

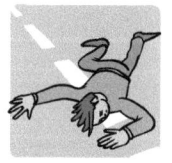

បន្ទប់សង្គ្រោះបន្ទាន់

spoed

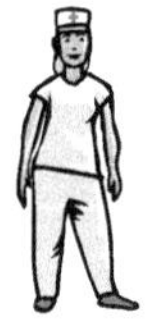

គិលានុបដ្ឋាយិកា

verpleegkundige

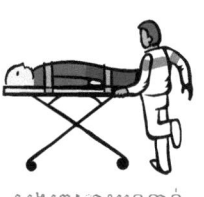

សង្គ្រោះបន្ទាន់

noodgeval

សន្លប់

bewusteloos

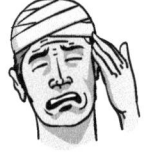

ការឈឺចាប់

pijn

ការរងរបួស

verwonding

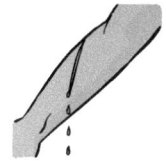

ការហូរឈាម

bloeding

គាំងបេះដូង

hartaanval

ទ្បើងដាច់សរសៃឈាមក្នុង
ក្បាល

beroerte

អាលែកហ្ស៊ី

allergie

ក្អក

hoest

ជំងឺគ្រុន

koorts

ជំងឺផ្តាសាយ

griep

ជំងឺរាគ្រូស

diarree

ឈឺក្បាល

hoofdpijn

ជំងឺបហារីក

kanker

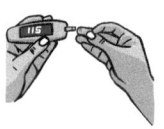

ជំងឺទឹកនោមផ្អែម

diabetes

គ្រូពេទ្យវះកាត់

chirurg

កាំបិតវះកាត់

scalpel

ប្រតិបត្តិការ

operatie

មន្ទីរពេទ្យ - ziekenhuis

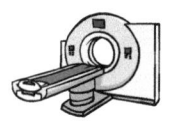

CT

CT

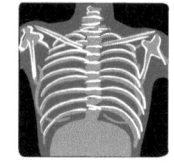

កាំស្មើអ៊ិច

röntgenstraal

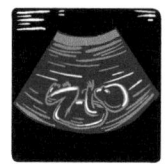

អក្ខ

ultrageluid

របាំងមុខ

gezichtsmasker

ជំងឺ

ziekte

វង់ចាំបនទុប

wachtkamer

ឈរើចរ្ដ

kruk

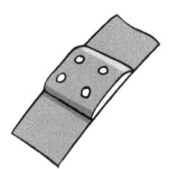

មុនាងសិលា

pleister

បង់រុ

verband

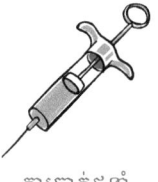

ការចាក់ថ្នាំ

injectie

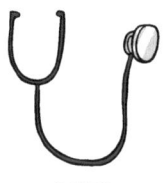

សុជត្កេ

stethoscoop

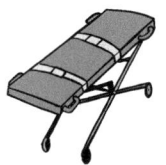

សុនដែងប្លួស

brancard

ទវើម្ម៉ម៉ែត្រវេរ្ពយាហាល

thermometer

កំណេើត

geboorte

ឈរើសទមួងន់

overgewicht

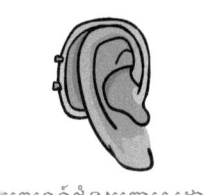

បរិណ័ជំនួយការស្ដាប់

hoorapparaat

សារធាតុសម្លាប់មេរោគ

ontsmettingsmiddel

ការឆ្លងមេរោគ

infectie

បរោគ

virus

បរោគអេដស៍ / ជំងឺអេដស៍

HIV / AIDS

ថ្នាំពទ្យ

medicijn

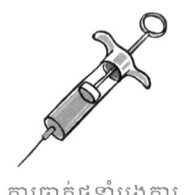

ការចាក់ថ្នាំបង្ការ

vaccinatie

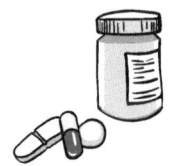

ថ្នាំគ្រាប់

tabletten

ថ្នាំគ្រាប់

pil

ការហៅពេលរោគសង្គួន

noodoproep

ឧបករណ៍ពិនិត្យឈាមសម្ពាធ
ឈាម

bloeddrukmeter

ឈឺ / មានសុខភាពល្អ

ziek / gezond

ជំនួយ!

Help!

សំឡេងរោទ៍

alarm

ការវាយលុក

overval

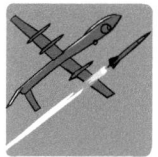

ការវាយប្រហារ

aanval

គ្រោះថ្នាក់

gevaar

ចរកចេញគ្រោះអាសន្ន

nooduitgang

អគ្គីភ័យ!

Brand!

បំពង់ពន្លត់អគ្គិភ័យ

brandblusser

គ្រោះថ្នាក់

ongeval

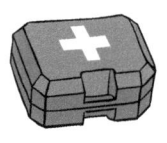

ឧបករណ៍ជំនួយបឋម

EHBO-kit

SOS

SOS

ប៉ូលិស

politie

អឺរុប

Europa

អាមេរិកខាងជើង

Noord-Amerika

អាមេរិកខាងត្បូង

Zuid-Amerika

អាហ្វ្រិក

Afrika

អាស៊ី

Azië

អូស្ត្រាលី

Australië

អាត្លង់ទិច

Atlantische Oceaan

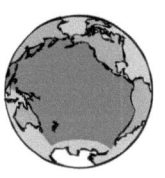

ប៉ាស៊ីហ្វិក

Stille Oceaan

មហាសមុទ្រវេណ្ឌា

Indische Oceaan

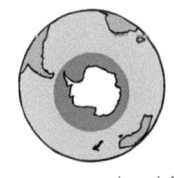

មហាសមុទ្រអង់តាក់ទិច

Antarctische Oceaan

មហាសមុទ្រអាកទិច

Arctische Oceaan

ប៉ូលខាងជើង

Noordpool

ប៉ូលខាងត្បូង

Zuidpool

អង់តាក់ទិក

Antarctica

ផែនដី

aarde

ដីគោក

land

សមុទ្រ

zee

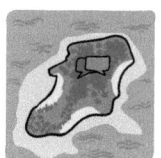

កោះ

eiland

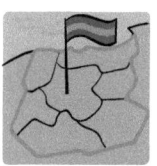

បូរទេសជាតិ

natie

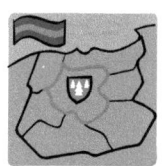

រដ្ឋ

staat

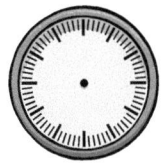

មុខនាឡិកា

wijzerplaat

ទ្រនិចម៉ោង

uurwijzer

ទ្រនិចនាទី

minuutwijzer

ទ្រនិចវិនាទី

secondewijzer

ម៉ោងប៉ុន្មាន?

Hoe laat is het?

ថ្ងៃ

dag

ពេលវេលា

tijd

ឥឡូវនេះ

nu

នាឡិកាឌីជីថល

digitale horloge

នាទី

minuut

ម៉ោង

uur

សប្តាហ៍
week

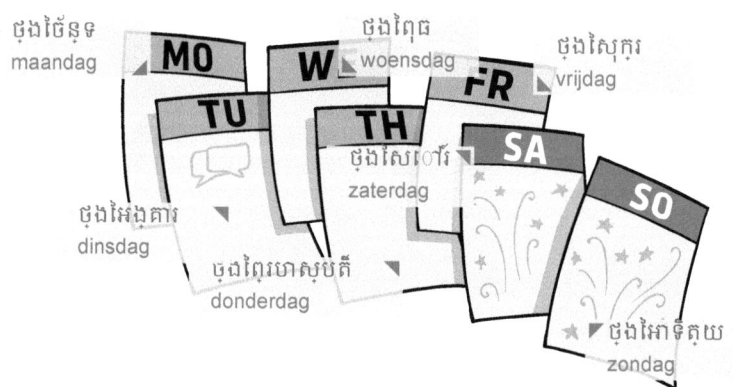

ថ្ងៃចន្ទ
maandag

MO

W ថ្ងៃពុធ
woensdag

TU

TH

ថ្ងៃសុក្រ
vrijdag

FR

ថ្ងៃអង្គារ
dinsdag

ថ្ងៃសៅរ៍
zaterdag

SA

ថ្ងៃព្រហស្បតិ៍
donderdag

SO

ថ្ងៃអាទិត្យ
zondag

មុសិលមិញ
gisteren

ថ្ងៃនេះ
vandaag

ថ្ងៃស្អែក
morgen

ព្រឹក
ochtend

ថ្ងៃត្រង់
middag

ល្ងាច
avond

MO	TU	WE	TH	FR	SA	SU
1	2	3	4	5	6	7
8	9	10	11	12	13	14
15	16	17	18	19	20	21
22	23	24	25	26	27	28
29	30	31	1	2	3	4

ថ្ងៃធ្វើការ
werkdagen

MO	TU	WE	TH	FR	SA	SU
1	2	3	4	5	6	7
8	9	10	11	12	13	14
15	16	17	18	19	20	21
22	23	24	25	26	27	28
29	30	31	1	2	3	4

ចុងសប្តាហ៍
weekend

ឆ្នាំ
jaar

ទឹកភ្លៀង
regen
ឥន្ទធនូ
regenboog
ខ្យល់
wind
ព្រិល
sneeuw
និទាឃរដូវ
lente
រដូវក្តៅ
zomer
រដូវស្លឹកឈើជ្រុះ
herfst
រដូវរងារ
winter

4.APRIL 11°
5.APRIL 4°
6.APRIL 13°
7.APRIL 8°
8.APRIL 10°

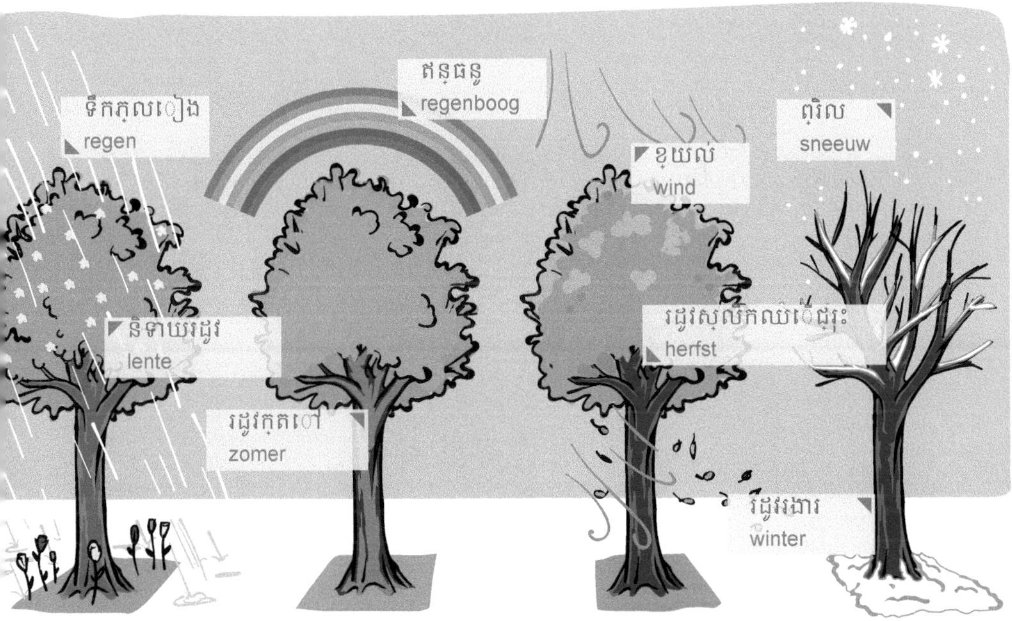

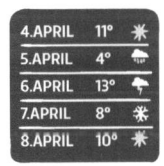

រព្យាករណ៍អាកាសធាតុ

weervoorspelling

F C
120 40
90 30
60 20
30 10
0 0
-30 -10
-20

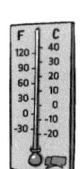

ទែម៉ូម៉ែត្រ

thermometer

ពន្លឺថ្ងៃ

zonneschijn

ពពក

wolk

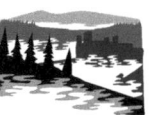

អ័ព្ទ

mist

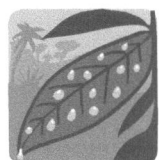

សំណើម

vochtigheid

រន្ទះ

bliksem

ផ្គរ

donder

ព្យុះ

storm

ព្រិល

hagel

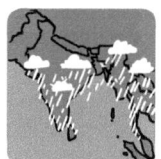

ខ្យល់មូសុង

moesson

ទឹកជំនន់

overstroming

ទឹកកក

ijs

ខែមករា

januari

ខែកុម្ភៈ

februari

ខែមីនា

maart

ខែមេសា

april

ខែឧសភា

mei

ខែមិថុនា

juni

ខែកក្កដា

juli

ខែសីហា

augustus

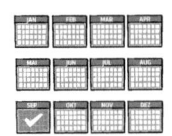

ខែកញ្ញា

september

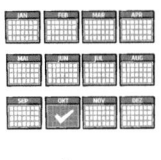

ខែតុលា

oktober

ខែវិច្ឆិកា

november

ខែធ្នូ

december

វាង

vormen

រង្វង់

cirkel

ការ៉េ

kwadraat

ចតុកោណកែង

rechthoek

ត្រីកោណ

driehoek

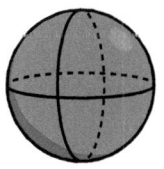

ស្វ៊ែរ

bol

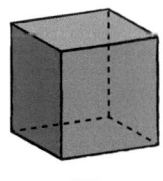

គូប

kubus

kleuren

ពណ៌ស
....
wit

ពណ៌លឿង
....
geel

ពណ៌ទឹកក្រូច
....
oranje

ពណ៌ផ្កាឈូក
....
roze

ពណ៌ក្រហម
....
rood

ពណ៌ស្វាយ
....
paars

ពណ៌ខៀវ
....
blauw

ពណ៌បៃតង
....
groen

ពណ៌ទឹកក្រូច
....
bruin

ពណ៌ប្រផេះ
....
grijs

ពណ៌ខ្មៅ
....
zwart

ចូរច៊ើន / ពិចព្ឈុច

veel / weinig

ខឹង / គួរជាក់ចិត្តុត

boos / kalm

សួរស់សួរវាគ / រាកុរកំ

mooi / lelijk

ចាប់ផ្ដតច៊ើម / បញ្ចប់

begin / einde

ធំ / តូច

groot / klein

ភ្លឺ / ងង៊ឹត

licht / donker

ៃងបុ្អ្អនបុ្រុស / បងបុ្អ្អនសុ្រី

broer / zus

សួអាត / កខុវក៏

proper / vuil

ពញ្ញលញ្ញ / មិនពញ្ញលញ្ញ

volledig / onvolledig

ថ្ងៃ / យប់

dag / nacht

សួលាប់ / នៃៅវរស់

dood / levend

ធំទូលាយ / តូចចង្អរៀត

breed / smal

អាចបរិភោគតហាន / មិនអាចបរិភោគតហាន

eetbaar / oneetbaar

ចិត្តអាក្រក់ / ចិត្តល្អ

kwaadaardig / vriendelijk

ការវិភេឿប / អផ្សុក

opgewonden / verveeld

ធាត់ / ស្គម

dik / dun

ដំបូង / ចុងក្រោយ

eerst / laatst

មិត្តភក្តិ / សត្រូវ

vriend / vijand

ពេញ / ទទេ

vol / leeg

រឹង / ទន់

hard / zacht

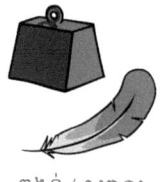

ធ្ងន់ / ស្រាល

zwaar / licht

ភាពអត់ឃ្លាន / ការស្រេកឃ្លាន

honger / dorst

ឈឺ / មានសុខភាពល្អ

ziek / gezond

ខុសច្បាប់ / ត្រូវច្បាប់

illegaal / legaal

ឆ្លាតវៃ / ឆ្កួត

intelligent / dom

ឆ្វេង / ស្តាំ

links / rechts

ជិត / ឆ្ងាយ

dichtbij / veraf

ថ្មី / ហានបុរេ៊
nieuw / gebruikt

គ្មានអ្វីសោះ / អ្វីម្យួយ
niets / iets

ចាស់ / ក្មេង
oud / jong

បើក / បិទ
aan / uit

បើក / បិទ
open / dicht

ស្ងប់ស្ងាត់ / ឮខ្លាំង
stil / luid

មាន / ក្រ
rijk / arm

ត្រូវ / ខុស
juist / fout

គ្រើម / រលោង
ruw / glad

ាកចិត្ត / សប្បាយចិត្ត
droevig / blij

ខ្លី / វែង
kort / lang

យឺត / លឿន
traag / snel

សើម / ស្ងួត
nat / droog

ក្តៅ / ត្រជាក់
warm / koud

សង្គ្រាម / សន្តិភាព
oorlog / vrede

0	**1**	**2**
សូន្យ	មួយ	ពីរ
nul	één	twee

3	**4**	**5**
បី	បួន	ប្រាំ
drie	vier	vijf

6	**7**	**8**
ប្រាំមួយ	ប្រាំពីរ	ប្រាំបី
zes	zeven	acht

9	**10**	**11**
ប្រាំបួន	ដប់	ដប់មួយ
negen	tien	elf

12
ដប់ពីរ

twaalf

13
ដប់បី

dertien

14
ដប់ប្ងន

veertien

15
ដប់ប្រាំ

vijftien

16
ដប់ប្រាំមូយ

zestien

17
ដប់ប្រាំពីរ

zeventien

18
ដប់ប្រាំបី

achtien

19
ដប់ប្រាំប្ងន

negentien

20
ម្ភៃ

twintig

100
រយ

honderd

1.000
ពាន់

duizend

1.000.000
លាន

miljoen

អង់គ្លុលសេ
....
Engels

អង់គ្លុលសេអាមេរិក
....
Amerikaans Engels

ចិនកុកងឺ
....
Chinees (Mandarijn)

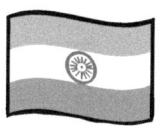

ហិណ្ឌូខ្ញុ
....
Hindi

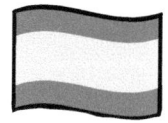

អេស្ប៉ាញ
....
Spaans

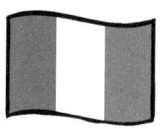

ហារាំង
....
Frans

អារ៉ាប់
....
Arabisch

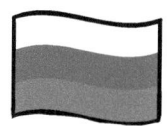

រុស្សី
....
Russisch

ព័រទុយហ្គាល់
....
Portugees

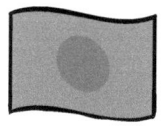

បង់ក្លាដេស
....
Bengali

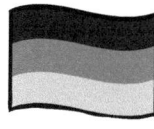

អាល្លឺម៉ង់
....
Duits

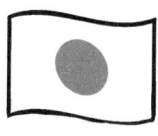

ជប៉ុន
....
Japans

ខ្ញុំ

ik

អ្នក

u

គាត់ / នាង / វា

hij / zij / het

យើង

wij

អ្នក

u

ពួកគេហោន

ze

នរណា?

wie?

អ្វី?

wat?

របៀបណា?

hoe?

កន្លែងណា?

waar?

ពេលណា?

wanneer?

ឈ្មោះ

naam

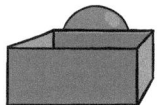

ពីក្រោយ

achter

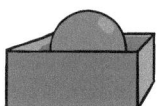

ក្នុង

in

ពីមុខ

voor

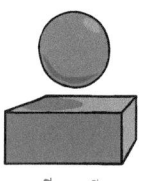

ពីលើ

boven

នៅលើ

op

នៅក្រោម

onder

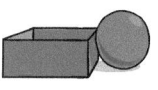

នៅក្បែរ

naast

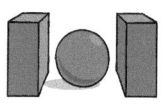

រវាង

tussen

កន្លែង

plaats